ENRICO SIGURTÀ

AllenaMente

Come Allenare la Tua Mente per Incrementare il Tuo Q.I. e Sfruttare al Meglio il Tuo Potenziale Mentale

Titolo

"ALLENAMENTE"

Autore

Enrico Sigurtà

Editore

Bruno Editore

Sito internet

http://www.brunoeditore.it

Tutti i diritti sono riservati a norma di legge. Nessuna parte di questo libro può essere riprodotta con alcun mezzo senza l'autorizzazione scritta dell'Autore e dell'Editore. È espressamente vietato trasmettere ad altri il presente libro, né in formato cartaceo né elettronico, né per denaro né a titolo gratuito. Le strategie riportate in questo libro sono frutto di anni di studi e specializzazioni, quindi non è garantito il raggiungimento dei medesimi risultati di crescita personale o professionale. Il lettore si assume piena responsabilità delle proprie scelte, consapevole dei rischi connessi a qualsiasi forma di esercizio. Il libro ha esclusivamente scopo formativo.

Sommario

Introduzione	pag. 5
Capitolo 1: Come si aumenta il Q.I.	pag. 7
Capitolo 2: Come usare il diario	pag. 16
Capitolo 3: Come allenare la mente	pag. 29
Capitolo 4: Come avere talento	pag. 39
Capitolo 5: Come sfruttare il collegamento corpo-mente	pag. 52
Conclusione	pag. 61

Introduzione

Ciao e grazie per aver scelto di investire nel corso *AllenaMente*. In questo corso imparerai tutti i segreti e le strategie che ti permetteranno di:

- incrementare il tuo quoziente intellettivo;
- rafforzare la tua creatività;
- diventare più resistente alle malattie dell'età;
- sfruttare al meglio il tuo potenziale mentale.

Il tutto senza stravolgere la tua vita e le tue abitudini quotidiane. Infatti per allenare la mente umana non serve tanto tempo. Non ti servirà passare ore e ore chino sui libri, né dovrai scervellarti con giochi di intelligenza estremi, né tanto meno dovrai spendere migliaia di euro in videogiochi di intelligenza.

In questi ultimi mesi uno dei miei obiettivi è stato quello di semplificare tutto: la mia vita, i miei metodi e il mio modo di insegnare. Per questo non stupirti se le strategie che troverai qui sono semplici e accessibili a chiunque: l'ho fatto apposta. Voglio che questo corso sia accessibile a chiunque.

Per ringraziarti di aver scelto di seguire questo corso, ti invito a seguire la mia newsletter gratuita "I Segreti dei Geni". Qui troverai omaggi, video gratuiti e informazioni per approfondire le strategie e i segreti per sfruttare al meglio il tuo potenziale. La newsletter è gratuita e puoi cancellarti in qualsiasi momento semplicemente cliccando sul link che trovi in fondo a ogni e-mail.

Grazie ancora per aver scelto di investire in questi corso e buona lettura.

Enrico Sigurtà

CAPITOLO 1:
Come si aumenta il Q.I.

Prima di entrare nel vivo delle strategie di questo corso, voglio spiegarti cos'è esattamente il quoziente intellettivo e come si può realmente aumentarlo.

Se cerchi su internet, troverai facilmente dei test gratuiti per il quoziente intellettivo. Questi test, in teoria, dovrebbero definire qual è il tuo reale quoziente intellettivo.

Premettendo che un essere umano non può essere classificato come un numero, molte persone lasciano che questi test definiscano la loro personalità. Per cui, se dal test risulta un punteggio basso, ossia meno di 80, la persona si ritiene automaticamente stupida. Viceversa, se ottiene un punteggio molto elevato, quindi sopra il 130, si ritiene automaticamente più intelligente di tutti gli altri.

Questi test però sono estremamente limitati: valutano solo una piccola parte del tuo potenziale intellettivo. Se ci fai caso infatti, quasi tutti quelli disponibili su internet analizzano solo le tue capacità matematiche e logiche.

Breve storia dei test del Q.I.
Per farti capire che cosa sono i test del Q.I., voglio prima raccontartene brevemente la storia e spiegarti come sono nati e perché quelli che vedi oggi su internet non sono validi.

I primi test di intelligenza vennero creati nel 1905 dal ricercatore Alfred Binet: venivano usati negli istituti scolastici francesi per capire quali ragazzi potevano andare a scuola e quali invece soffrivano di ritardi mentali e non potevano quindi frequentare scuole comuni.

In seguito questi primi test furono raffinati e ottimizzati, anche a seguito degli sviluppi della psicologia che avvennero in quegli anni. Questi test furono inoltre utilizzati, intorno agli anni Venti, per sostenere la tesi secondo cui le persone che non abitavano in America o in Europa erano naturalmente inferiori. Questo perché i test, in Africa, in Sudamerica e negli altri paesi del Secondo e Terzo mondo, davano sempre risultati bassi. Questo fa capire che i test di intelligenza, sia quelli passati che quelli odierni, sono fortemente influenzati dalla cultura. Ciò significa che un test è attendibile solo se è stato scritto da una persona proveniente dalla tua stessa cultura. Molti test, che provengono da paesi che hanno culture diverse dalla nostra, sono automaticamente imprecisi se utilizzati su di noi.

Col passare del tempo, sempre di più il test del Q.I. venne ottimizzato e sistemato, adattandolo alle scoperte e ricerche moderne. Al giorno d'oggi esistono ancora i test d'intelligenza, quelli seri. Che vengono utilizzati in ambito clinico e servono solo come indicazione per capire se il paziente ha difficoltà di carattere intellettuale.

SEGRETO n. 1: i test per il quoziente intellettivo che trovi su internet sono generalmente poco affidabili e i risultati che danno sono solo indicativi.

Uno di questi test, lo prendo a mo' di esempio, è il WAIS. Se vuoi puoi cliccare qui e dare un'occhiata alle informazioni riguardanti questo test su Wikipedia.

Come puoi notare, questo test è composto da due branche principali: intelligenza verbale e intelligenza pratica (o di performance). Queste branche a loro volta sono divise in altre sotto-branche, che servono per analizzare:
- le capacità di pensiero;
- la capacità di memoria;
- l'esame della realtà;
- la capacità di progettazione.

Il tutto viene unificato in un punteggio. Come vedi però questi test non prendono in considerazione né la creatività della persona, che invece è molto importante, né le sue capacità emotive e sociali. Inoltre questi test possono dare punteggi estremamente elevati anche a persone affette da disturbi psicotici come l'autismo.

Un altro fattore che questi test non tengono in considerazione è la conoscenza del test stesso. Cosa significa? Significa che, se già conosci il test e le domande che contiene, automaticamente avrai un punteggio più alto, perché partirai avvantaggiato. È come a scuola: fare una verifica conoscendo preventivamente le domande è molto più facile che farla senza sapere che cosa verrà richiesto.

Se vuoi puoi fare il test, ma sappi che ha un'utilità esclusivamente clinica e che i risultati non saranno mai precisi. Puoi però, se lo desideri, fare il test oggi e ripeterlo tra tre mesi, dopo aver applicato con costanza le strategie che trovi racchiuse in queste pagine. Così, pur sapendo che si tratta di risultati imprecisi e approssimativi, potrai toccare con mano i tuoi miglioramenti e farti un'idea di quanto sei cresciuto seguendo queste tecniche.

Diversi tipi di intelligenza
Nel corso degli anni, molti psicologi hanno sviluppato diverse teorie sull'intelligenza. Alcune di queste teorie sostengono che esistono diversi tipi d'intelligenza: un'intelligenza che regola le capacità verbali, una che regola le capacità logiche, una per quelle creative, e via dicendo.

Non esiste una teoria migliore o peggiore, perché tutte bene o male sono attendibili. La cosa importante da tenere a mente è che non esiste un'unica intelligenza, ma ne esistono molte e di diversi tipi. Anche nel WAIS, come hai visto, vengono analizzate diverse aree delle tue competenze. Se vuoi allenare il tuo Q.I., dovrai quindi allenarle tutte. Viceversa diventerai eccezionale in un settore, ma non avrai vantaggi negli altri.

Nella vita molte abilità richiedono l'utilizzo di più intelligenze. Ti faccio un esempio: se vuoi parlare per convincere una persona, non avrai bisogno solo dell'intelligenza verbale, ma anche di quella creativa e di quella logica. Per questo, è conveniente allenare le diverse intelligenze di pari passo.

Le strategie che ho sviluppato e che ti proporrò in questo corso ti permettono appunto di sviluppare tutte le tue intelligenze, spesso in maniera simultanea.

SEGRETO n. 2: esistono vari tipi di intelligenza. Per allenare la tua mente dovrai quindi allenare tutti i tipi di intelligenza in egual misura.

Quoziente intellettivo e genetica

L'intelligenza non è una dote innata, come molti credono. Nessuno è nato con una quantità predeterminata di intelligenza. Di conseguenza nessuno è destinato a mantenere sempre la stessa intelligenza.

Questo significa che l'intelligenza che hai oggi non sarà necessariamente quella che avrai domani. Se non fai lavorare la tua mente, quindi non la mantieni allenata, il tuo Q.I. calerà. Viceversa, se mantieni la tua mente allenata, il tuo Q.I. tenderà ad aumentare.

L'intelligenza è influenzata anche dall'ambiente in cui ti trovi e dai tuoi genitori. Se vivi in un ambiente che stimola la tua creatività e la tua genialità, il tuo Q.I. sarà automaticamente più elevato e sarà sempre allenato. Viceversa, se vivi in un ambiente apatico, ripetitivo e monotono, il tuo Q.I. tenderà a decrescere.

Questo è il motivo per cui ci sono bambini intelligenti e bambini poco svegli. I più intelligenti vivono in un ambiente che li sottopone quotidianamente a nuove sfide e li spinge a sviluppare l'intelligenza. Viceversa, i bambini che sembrano poco svegli normalmente si trovano in un ambiente che li sprona molto poco a crescere e migliorare. Come avviene spesso con i figli molto viziati o che vengono protetti eccessivamente dei genitori.

Più il Q.I. decresce, più si diventa vulnerabili alle malattie dell'età, come l'Alzheimer e la demenza senile. Viceversa è scientificamente dimostrato che chi mantiene la mente allenata è molto più robusto e resistente a queste malattie.

SEGRETO n. 3: l'intelligenza non è dovuta al tuo corredo genetico, ma è un'abilità che può essere allenata e sviluppata, con costanza e impegno.

RIEPILOGO DEL CAPITOLO 1:

- SEGRETO n. 1: i test per il quoziente intellettivo che trovi su internet sono generalmente poco affidabili e i risultati che danno sono solo indicativi.
- SEGRETO n. 2: esistono vari tipi di intelligenza. Per allenare la tua mente dovrai quindi allenare tutti i tipi di intelligenza in egual misura.
- SEGRETO n. 3: l'intelligenza non è dovuta al tuo corredo genetico, ma è un'abilità che può essere allenata e sviluppata, con costanza e impegno.

CAPITOLO 2:
Come usare il diario

Entriamo a questo punto nel vivo delle strategie. La prima strategia che voglio proporti è una vera e propria manna dal cielo: intorno a questa si stanno facendo diversi studi e, grazie a essa, la psicologia sta facendo passi da gigante. Come puoi intuire dal titolo, questa strategia consiste nell'utilizzare un diario.

Perché il diario funziona
Non entrerò nei dettagli tecnici e anatomici per spiegarti questo concetto. Voglio però che tu sappia perché questa strategia funziona e perché devi assolutamente farne uso.

Ogni volta che impariamo qualcosa, i nostri neuroni creano delle reti, le cosiddette reti neuronali. Più fai pratica e più ti alleni, più queste reti diventano robuste. I campioni in uno sport, per esempio, hanno delle reti neuronali estremamente sviluppate. Questo perché fanno tantissimo allenamento.

Praticamente, ogni volta che fai un esercizio, crei un rinforzo. Questo però vale solo per le abilità pratiche. Ad esempio, negli sport o nell'arte.

Esiste un modo per creare lo stesso identico effetto di rinforzo anche per tutte le abilità mentali. Ad esempio lo studio, la memoria e l'auto miglioramento. Questo metodo è, per l'appunto, il diario.

I vantaggi di questo metodo sono due:
- rafforzi le tue reti neuronali. In questo modo impedisci alle malattie dell'età di danneggiarti. Infatti, le malattie dell'età attaccano proprio le reti neuronali, distruggendole. È il motivo per cui una persona con l'Alzheimer fatica a ricordare o a fare qualcosa:
- diventi più veloce in qualsiasi abilità intellettuale. Che tu stia studiando o migliorando te stesso, questa strategia velocizzerà i tuoi risultati in maniera incredibile.

SEGRETO n. 4: il diario è uno strumento tanto semplice quanto potente. Se usato con costanza, è in grado di

rafforzare le tue reti neuronali.

La scelta del diario
Questa cosa ti sembrerà banale, ma non lo è. Scegliere un diario non è così facile come sembra. Per prima cosa è importante che tu scelga un diario che ti piace.

Non deve per forza avere le date, né essere diviso in maniera particolare. Deve semplicemente piacere a te. Io per esempio utilizzo dei quaderni a righe. Sono normalissimi quaderni, che si trovano in qualsiasi cartoleria. Però sono comodi, sono spaziosi e, semplicemente, mi piacciono. Scegli il supporto che preferisci. Io ti consiglio comunque di prendere un quaderno o qualcosa di spazioso. Questo perché più farai pratica con il diario, più cose scriverai. Così facendo, poco per volta, un'agenda non sarà più sufficiente e avrai bisogno di molto più spazio. Io, per esempio, durante alcune giornate scrivo anche 10/15 pagine del mio diario.

Lo stesso vale per la penna. Scegli qualcosa di comodo e che ti piaccia. A esempio io scrivo tutto con le matite, mentre trovo irritanti le penne a sfera o le stilografiche.

Così facendo ti crei uno spazio piacevole e rilassato. Se hai un diario che non ti piace o una biro scomoda e che fatica funzionare, la scrittura del diario diventerà per te un momento irritante. Cosa che non deve avvenire.

SEGRETO n. 5: scegli un diario e una penna che siano comodi e ti piacciano. Così facendo trasformerai i momenti di scrittura in momenti di piacevole relax.

Un altro avviso: non utilizzare il computer. Io l'ho fatto per molto tempo, pensando così di risparmiare carta e di ottenere gli stessi benefici del diario tradizionale. Purtroppo così non avviene. Avresti sempre a disposizione un diario, ma, in base alla mia esperienza, posso dirti che l'effetto di rafforzamento delle neuronali sarebbe molto inferiore.

Proprio per la sua natura meccanica, un diario elettronico limita molto la tua creatività. Alcuni programmi informatici, poi, ti permettono di tenere più diari: uno per la tua vita personale, uno per quella professionale ecc.

Non fare l'errore di comprare più diari alla volta. Uno basta e avanza. Avere tanti diari crea confusione e ti fa perdere tempo. In più si viene a creare un effetto *multitasking*. Questa parola, importata dall'inglese, significa "svolgere più compiti alla volta", il che avviene quando si passa da un'attività all'altra.

Quando hai più di un diario, crei delle categorie. Quando devi aggiornarli, ti ritrovi a saltare da un diario all'altro, in modo da tenere le informazioni ordinate nelle categorie che tu stesso hai creato. Il multitasking, oltre a essere una totale perdita di tempo, è anche una delle cause principali del calo del Q.I. medio della nostra società.

Inoltre ricordati che il diario serve a te per tuo uso personale. Nessuno, a parte te, dovrà leggerlo. E nemmeno tu, eccetto rare occasioni, dovrai rileggerlo. Quindi avere le informazioni ordinate per categorie è completamente inutile.

Cosa scrivere sul diario
La prima cosa che viene in mente, quando si parla di diario, è qualcuno che la sera scrive i propri pensieri e le proprie

esperienze. Il famoso «Caro diario» che spesso vediamo nei film. Questo modo di scrivere va benissimo, anzi ti consiglio di farlo (magari senza scrivere ogni volta «Caro diario», che è puerile), soprattutto per rafforzare la tua memoria e le tue sensazioni positive.

Non sottovalutare quest'aspetto del diario. Lo so che può sembrare infantile e banale, ma non lo è. Soprattutto se seguirai queste semplici linee guida, vedrai già nel giro di un mese grandissimi benefici:
- descrivi gli eventi più importanti della giornata;
- scrivi cosa vorresti migliorare;
- descrivi con particolare enfasi ciò che è andato bene e descrivi con superficialità ciò che è andato male;
- utilizza colori, sottolineature e disegni, se questo può farti sentire più a tuo agio;
- non curare la grammatica né la punteggiatura. Non stai scrivendo un libro, stai scrivendo una cosa che rimarrà tua.

SEGRETO n. 6: descrivi sul tuo diario, ogni sera, gli eventi della tua giornata. Concentra l'attenzione sugli eventi positivi e fai uso di disegni e colori, dove e quando lo ritieni necessario.

Questo però non è l'unico utilizzo possibile del diario. Un altro consiste nello scrivervi le tue idee. Come ho spiegato in modo approfondito nel mio precedente corso, *I Segreti della Creatività*, scrivendo le tue idee su un diario le ricorderai molto più lungo.

Inoltre, ogni volta che fissi su carta una nuova idea, la tua mente automaticamente la associa a quelle vecchie. Associando più idee, hai la possibilità di creare progetti interessanti o di risolvere grandi problemi in maniera più efficace.

Ti faccio un esempio: quando ero piccolo, avevo tantissime idee per creare videogiochi. Fortunatamente ebbi la brillante idea di scriverle. In questo periodo, per realizzare il mio sogno passato di creare un team di sviluppo, sto progettando un videogioco.

La cosa incredibile è che gran parte delle idee che ho avuto da bambino le ricordo tuttora e riesco a integrarle perfettamente con le idee di oggi. Non solo: il semplice fatto di averle scritte mi permette di recuperarle, rileggendo i quaderni che utilizzavo a quel tempo.

Chiaramente non puoi sempre andare in giro con il tuo diario. Purtroppo però le idee vengono in qualsiasi momento, anche quando non hai a portata di mano il tuo quaderno. Per questo è ideale portare sempre con te uno strumento che ti permetta di prendere appunti.

Una possibilità potrebbe essere un taccuino, ma io personalmente l'ho trovato scomodo. La soluzione migliore che ho trovato sono l'iPod e lo smartphone. Certo, limitano molto la creatività e con le loro tastierine microscopiche si è molto più lenti a scrivere. Però mi permettono di fissare, in qualsiasi momento, le idee.

Una volta arrivato a casa, prendi l'oggetto che hai usato per scrivere l'idea e copiala sul diario. Così potrai arricchirla con disegni, grafici, schizzi e qualsiasi altra cosa tu voglia.

SEGRETO n. 7: scrivi le tue idee sul diario ogni volta che ti vengono in mente. Porta sempre con te un taccuino, anche digitale.

Il diario come mappa per la crescita personale

La vita è una costante forma di crescita. Non esiste la perfezione, solo il miglioramento. Una volta che avrai padroneggiato le informazioni di questo corso, è molto probabile che tu voglia passare a qualcos'altro e migliorare un altro aspetto della tua vita.

La strada per il miglioramento può risultare però molto confusionaria. È difficile, ad esempio, tenere traccia dei miglioramenti, soprattutto quando stai lavorando su trasformazioni molto profonde.

Per questo puoi scrivere sul diario ogni giorno, o ogni settimana, qual è la tua posizione nella mappa del miglioramento. Sei all'inizio? Sei a metà? Soprattutto puoi annotare quali sono le difficoltà e gli ostacoli che incontri e quali i tuoi successi. In questo modo terrai traccia del tuo percorso e non rischierai di perdere la rotta.

In realtà puoi fare di meglio! Puoi addirittura descrivere gli esercizi che hai fatto e i risultati che hai ottenuto. Perché questo? La mente non è in grado di distinguere l'immaginazione dalla realtà. Ciò che i corsi di auto miglioramento non ti dicono però è che, se la mente non distingue tra immaginazione e realtà, la memoria invece sì.

Cosa significa? Significa che se tu immagini di fare 100 volte parapendio, la tua mente non saprà distinguere se lo hai fatto realmente o no, ma la tua memoria saprà, quando fai parapendio per la prima volta, che le altre volte l'hai solo immaginato.

Al contrario, dopo aver fatto realmente parapendio per la prima volta, puoi rivedere 100 volte nella tua testa la stessa esperienza. Così, la seconda volta che farai parapendio, ti sentirai molto più esperto.

Per questo, anziché immaginare 100 volte una cosa, il che è dispendioso in termini di energie e difficile da fare con costanza, puoi descriverla sul diario. In questo modo automaticamente le reti neuronali che riguardano quella cosa saranno rafforzate.

Inoltre questa sarà per te un'occasione per riflettere e vedere cosa hai sbagliato e cosa poter migliorare.

Diario e autoipnosi

Navigando su internet mi capita spesso di trovare molte sessioni di autoipnosi, create con lo scopo di aiutare le persone a modificare le proprie convinzioni o i propri comportamenti. Queste sessioni sono senz'altro utili. Ma, integrando le sessioni con il diario, potrai ottenere risultati molto più rapidamente.

Le sessioni di autoipnosi sono concepite come mezzo passivo di auto miglioramento. Ciò significa che l'unica cosa che devi fare durante la sessione di autoipnosi è rilassarti, ascoltare quello che ti viene detto e immaginare ciò che ti viene detto di immaginare. In sé e per sé va bene, soprattutto perché è un momento di rilassamento che fa comunque bene. Però i risultati sono molto lenti ad arrivare, perché il rinforzo delle reti neuronali è molto lento. Per velocizzare questo rinforzo devi fare qualcosa di attivo.

Puoi fare così: prima della sessione ipnotica, scrivi cosa vuoi ottenere da essa. Fai la sessione. Dopo di che scrivi le tue convinzioni, impressioni e quant'altro. E soprattutto annota le suggestioni estratte dalla sessione stessa. Ad esempio potresti scrivere: «Adesso, ogni volta che vedo un oggetto rosso, mi vengono in mente pensieri positivi» oppure «Ogni volta che vedo della cioccolata, mi passa l'appetito».

SEGRETO n. 8: usa il diario come mappa per la tua crescita personale e per rafforzare l'effetto che hanno su di te le sessioni di autoipnosi.

RIEPILOGO DEL CAPITOLO 2:

- SEGRETO n. 4: il diario è uno strumento tanto semplice quanto potente. Se usato con costanza, è in grado di rafforzare le tue reti neuronali.
- SEGRETO n. 5: scegli un diario e una penna che siano comodi e ti piacciano. Così facendo trasformerai i momenti di scrittura in momenti di piacevole relax.
- SEGRETO n. 6: descrivi sul tuo diario, ogni sera, gli eventi della tua giornata. Concentra l'attenzione sugli eventi positivi e fai uso di disegni e colori, dove e quando lo ritieni necessario.
- SEGRETO n. 7: scrivi le tue idee sul diario ogni volta che ti vengono in mente. Porta sempre con te un taccuino, anche digitale.
- SEGRETO n. 8: usa il diario come mappa per la tua crescita personale e per rafforzare l'effetto che hanno su di te le sessioni di autoipnosi.

CAPITOLO 3:
Come allenare la mente

La tecnica del diario, in sé e per sé, è più che sufficiente per ottenere grandi risultati. Le seguenti strategie sono però utili per migliorare più rapidamente e per vedere risultati anche a breve termine.

La strategia enigmistica
Un ottimo modo per sviluppare tutte le tue intelligenze, e quindi il Q.I., è quello di utilizzare l'enigmistica. Queste riviste, a mio avviso, sono fatte benissimo e contengono giochi che sfidano e mettono alla prova tutte le tue intelligenze, inclusa la creatività.

Ti consiglio di acquistare un mensile, come un blocco enigmistico, e di fare uno o due giochi al giorno. Se ti può interessare, esiste anche un'applicazione per iPad. Ti consiglio il blocco perché, a mio avviso, è quello fatto meglio e contiene tanti giochi diversi.

SEGRETO n. 9: mantieni la tua mente allenata con l'enigmistica e i puzzle, sfidandoti di volta in volta. Fai uno o due giochi al giorno.

Non ti consiglio invece le riviste settoriali, come quelle dedicate al sudoku. Il motivo è semplice: se fai un sudoku al giorno, alla fine del mese sarai eccezionale a risolverli. Consciamente o inconsciamente avrai trovato un metodo e lo applicherai automaticamente ogni volta che farai il sudoku. Purtroppo però, applicando sempre lo stesso metodo, allenerai molto di meno il tuo Q.I.

Per allenare tutte le tue intelligenze hai bisogno di tanti giochi e sfide diverse. Solo così riuscirai a raggiungere quell'elasticità mentale tipica di chi ha un Q.I. molto elevato. Con una grande elasticità mentale cresce la creatività e, di conseguenza, la capacità di risolvere problemi molto diversi con le nozioni che già possiedi.

Un altro gioco che puoi fare sono i puzzle. I puzzle sfidano le percezioni e le tue capacità di trovare soluzioni. Ricordati che esistono puzzle a due e a tre dimensioni, che presentano sfide leggermente diverse. Cercando un regalo su internet ho trovato questo sito, che vende un sacco di tipi di puzzle diversi. Dagli un'occhiata perché contiene molte cose particolari e curiose.

SEGRETO n. 10: non concentrarti su un solo tipo di gioco, ma varia e cercane sempre di nuovi per sviluppare al massimo la tua elasticità.

Intelligenza ed esperienza

In italiano queste espressioni non si usano tanto, ma in inglese spesso si parla di "school smarts" e "street smarts". Con questo ci si riferisce sia alle persone che hanno una grande cultura accademica, sia quelle con una cultura di "strada", o mondana come la chiamo io.

Le prime sono persone che hanno studiato molto, hanno letto molti libri e hanno una grande conoscenza a carattere scolastico. Queste persone però, generalmente, hanno passato pochissimo tempo fuori di casa. Di conseguenza hanno poca esperienza e non hanno visto molto il mondo.

Viceversa, le persone con l'intelligenza mondana sono quelle che hanno visto il mondo e hanno fatto molte esperienze diverse. Di sicuro, a livello accademico, non sono i migliori. Anzi, molto spesso sono gli stessi ragazzi che "bruciavano" a scuola e non studiavano mai.

Però sono persone che sanno come orientarsi nel mondo. Sono persone che sanno risolvere grandi problemi con facilità e che, spesso, hanno sviluppato un grande carisma, proprio grazie alle loro esperienze. Tu hai bisogno di entrambe le cose: della coscienza accademica e di quella di strada. Per questo ti serve un modo per allenarle entrambe.

Iniziamo con l'intelligenza mondana. Per sviluppare questa forma d'intelligenza, con tutti i benefici che ne derivano, dovrai prendere l'abitudine di uscire di casa molto spesso e fare esperienze nuove.

Comincia dalle piccole cose. Ad esempio, inizia a fare un'altra strada quando torni a casa dal lavoro o da scuola. Oppure vai e torna con un mezzo diverso.

Man mano passa a esperienze nuove e più grandi. Ad esempio prova sport nuovi. Molte palestre offrono lezioni gratuite per promuovere i propri servizi. Approfittane!

Oppure prova a viaggiare in luoghi nuovi nella tua area: ti stupirà quante zone della tua città non conosci. Io vivo a Brescia, che è una città di dimensioni medie, e ci sono ancora tantissimi posti che non conosco o che non ho mai pensato di frequentare.

Prendi l'abitudine di fare sempre queste piccole esperienze. Sembrano irrilevanti, ma in realtà si accumulano sempre di più e col tempo ti daranno un grandissimo senso di sicurezza e di fiducia in te stesso in ogni situazione.

Una delle esperienze migliori che puoi fare è viaggiare. Sono consapevole che viaggiare in genere costa, ma dipende anche da quali pretese hai. Si può viaggiare anche a costi molto ridotti, prenotando voli economici e pernottando in ostelli o in piccole pensioni. Viaggiare è estremamente importante e, a mio avviso, tutti dovrebbero farlo. Anche una sola settimana in una cultura nuova può darti tantissimo in termini di esperienza, conoscenza e riflessioni personali. In più ti spinge a provare cose nuove, come cibi e luoghi completamente diversi da quelli che frequenti di solito.

SEGRETO n. 11: allena la tua intelligenza "mondana" viaggiando e facendo tante esperienze di vita diverse. Cerca sempre di superare te stesso cercando esperienze nuove.

L'altra cultura, quella accademica, è molto facile da sviluppare. Ti basta leggere un libro al mese. Molti corsi di auto miglioramento ritengono che i libri spazzatura o alcune letture di seconda categoria non aiutino il miglioramento. Non è assolutamente vero!

Gran parte delle mie riflessioni e dei momenti di crescita sono dovuti a romanzi, non a manuali di auto miglioramento. Impara a leggere di tutto e non limitarti a libri del tuo settore o a manuali di crescita personale.

Leggi anche romanzi, vari tipi di romanzi. Ad esempio, se sei un uomo, prova a leggere un romanzo rosa. Oppure leggi delle poesie. Non devono necessariamente piacerti. Quello che importa è che tu legga tante cose diverse e veda il mondo da diversi punti di vista.

Devi sempre ricordarti infatti che un libro, qualunque sia il genere, è pur sempre l'espressione di un punto di vista diverso dal tuo. È l'autore, con le sue idee e le sue convinzioni, che crea una storia e condivide le sue riflessioni.

SEGRETO n. 12: allena la tua intelligenza accademica leggendo tanti tipi diversi di libri. I libri non sono solo storielle fatte per intrattenere. Sono anche il punto di vista di un autore e un modo diverso di vedere il mondo e la vita.

La condivisione di idee

Un altro modo per sviluppare la tua intelligenza e il tuo Q.I. è quello di condividere le tue esperienze e le tue idee con il mondo. Come fare?

Il primo modo è sicuramente quello di creare un blog. Puoi andare su Blogger e crearne uno gratuito. All'interno del blog puoi condividere tutto ciò che vuoi: le tue idee, tuoi pensieri, le tue convinzioni e via dicendo.

Bada bene di non usare il blog come se fosse il tuo diario personale: nel blog scrivi ciò che può essere pubblicato e reso accessibile a tutti, viceversa sul diario scrivi tutto quello che ti passa per la testa, anche le cose che nessuno dovrebbe sapere.

Il secondo modo è quello di partecipare ai forum. Ci sono tantissimi forum su internet, su tantissimi argomenti. Scegli quello che ti piace di più e inizia a partecipare. Attraverso un forum puoi conoscere tante persone con idee simili alle tue, con cui puoi condividere storie, o che possono darti idee per nuove avventure e nuove esperienze. Il terzo modo consiste nell'insegnare qualcosa. In questi ultimi anni, avendo scritto molti eBook, creato video corsi e avendo scritto su diversi blog, mi sono reso conto che insegnare può dare vantaggi non solo agli altri, ma anche a me stesso.

Anzitutto le nozioni che trasmetto rimangono più consolidate nella mia mente. In più, ogni volta che insegno qualcosa, le stesse informazioni che do mi permettono di fare nuove riflessioni e di capire cose che prima potevano sfuggirmi.

Consiglio anche a te di cominciare a insegnare qualcosa. Puoi farlo gratuitamente oppure puoi trasformarlo in un lavoro. L'importante è che tu prenda le tue conoscenze e le metta a disposizione degli altri.

SEGRETO n. 13: per rafforzare le tue conoscenze, prendi l'abitudine di insegnare ciò che sai, sfruttando gli strumenti disponibili sulla rete.

RIEPILOGO DEL CAPITOLO 3:

- SEGRETO n. 9: mantieni la tua mente allenata con l'enigmistica e i puzzle, sfidandoti di volta in volta. Fai uno o due giochi al giorno.
- SEGRETO n. 10: non concentrarti su un solo tipo di gioco, ma varia e cercane sempre di nuovi per sviluppare al massimo la tua elasticità.
- SEGRETO n. 11: allena la tua intelligenza "mondana" viaggiando e facendo tante esperienze di vita diverse. Cerca sempre di superare te stesso cercando esperienze nuove.
- SEGRETO n. 12: allena la tua intelligenza accademica leggendo tanti tipi diversi di libri. I libri non sono solo storielle fatte per intrattenere. Sono anche il punto di vista di un autore e un modo diverso di vedere il mondo e la vita.
- SEGRETO n. 13: per rafforzare le tue conoscenze, prendi l'abitudine di insegnare ciò che sai, sfruttando gli strumenti disponibili sulla rete.

CAPITOLO 4:
Come avere talento

Spesso e volentieri sentiamo parlare di talento. Sentiamo che lo sportivo ha talento, il musicista ha talento e così via.

Ma cos'è il talento?
Per anni i neuropsicologi hanno cercato di capire cosa fosse il talento. Hanno esaminato il cervello delle persone dotate di talenti particolari, come sportivi e artisti, per arrivare alla conclusione che queste persone non hanno assolutamente nulla di diverso da noi "comuni mortali".

Ma allora cos'è che rende talentuose queste persone? Probabilmente, molte di queste persone sono partite avvantaggiate per il loro sport o per la loro arte. Ad esempio le persone molto alte partono avvantaggiate per giocare in sport come il basket e la pallavolo. Eppure, se guardi le squadre di basket e pallavolo professioniste, vedrai che ci sono anche giocatori bassi. D'altra parte conosciamo tutti persone molto alte che sono assolutamente negate per lo sport. Questo perché l'altezza, così come ogni altra caratteristica fisica, è solo un vantaggio iniziale. Ma, a lungo termine, non significa nulla. Il talento, così come l'intelligenza, non è una dote innata. È una cosa che si può sviluppare. Anche tu quindi puoi arrivare ad avere talento in qualsiasi disciplina tu desideri, seguendo questi cinque passi.

Uno: la pratica rende migliori
I ricercatori hanno scoperto che una persona che fa pratica in una disciplina subisce delle modificazioni a livello fisico. Sono piccole modificazioni, ma fanno una grandissima differenza per la persona.

Ad esempio: per due anni ho studiato canto. La prima cosa che s'impara cantando è la respirazione diaframmatica, ossia come respirare riempiendo la parte bassa dei polmoni e non dilatando la gabbia toracica. Ho fatto così tanti esercizi che adesso mi viene spontaneo respirare col diaframma. La cosa interessante è che, dopo aver fatto tanti esercizi, adesso riesco a inspirare molta più aria nei polmoni. Tanto che posso parlare o cantare per molto più tempo del normale, senza dover riprendere fiato.

È una piccola differenza, che sicuramente non influenza molti aspetti della mia vita. Però influenza tantissimo il canto. Quando fai pratica, tutto il tuo corpo cambia: i nervi, i muscoli, il cuore, i polmoni, il cervello e tutti gli altri organi coinvolti.

Questo dà l'illusione, a un occhio inesperto, che tu abbia una sorta di talento naturale o una dote innata per una certa disciplina. In realtà sei tu, con la pratica, che hai creato questa predisposizione.

SEGRETO n. 14: per avere tanto talento in una certa disciplina devi fare tanta pratica. La pratica adatterà il tuo corpo alle esigenze della disciplina.

Due: permeabilità
Ogni disciplina che puoi sviluppare contiene un elenco specifico di abilità necessarie da allenare. Queste abilità, se sviluppate diligentemente, ti permetteranno di diventare bravo nella disciplina di interesse, e ti daranno un vantaggio iniziale anche

con le discipline che hanno delle similarità.

Ti faccio alcuni esempi:
1. chi studia dizione è avvantaggiato per il teatro e il canto;
2. chi studia pallavolo è avvantaggiato per il basket;
3. chi studia chitarra è avvantaggiato per lo studio del basso e del violoncello.

Chiaramente chi è bravo nella pallavolo non diventa automaticamente un campione di basket. Ma, se vuole diventare bravo anche nel basket, dovrà spendere meno energie rispetto a chi parte completamente da zero.

SEGRETO n. 15: per sviluppare al meglio una certa abilità, sviluppa anche quelle che le somigliano. Così partirai avvantaggiato e migliorerai più rapidamente.

Tre: la mente controlla il corpo

La tua mente è ciò che controlla ogni singolo movimento. Man mano che fai pratica, i tuoi circuiti neuronali si rafforzano e diventano più precisi.

Non è un caso, ad esempio, che un atleta, dopo aver studiato per anni karate, sia in grado di sferrare un pugno a massima velocità e fermarlo esattamente dove vuole lui. Questo perché la sua mente è talmente in sintonia con i suoi muscoli che è in grado di controllare alla perfezione ogni movimento. Inoltre, i campioni di qualsiasi disciplina si mantengono sempre aggiornati. Uno sportivo legge le riviste del suo sport. Così come un musicista si tiene aggiornato sulle notizie che riguardano gli strumenti musicali e le tecniche sviluppate dai musicisti di spicco.

Al giorno d'oggi abbiamo portali come YouTube che ci permettono di rimanere aggiornati anche senza bisogno di comprare riviste. Se nutri la mente con queste informazioni, le tue abilità ne risentiranno in maniera positiva.

SEGRETO n. 16: nutri la tua mente con le informazioni, le notizie e i video più recenti e interessanti che riguardano l'abilità che stai sviluppando.

Quattro: impegno e costanza

Tante persone sono convinte che basti imparare una tecnica o un trucchetto per diventare subito dei campioni. Mi capitano sempre, tutti i giorni, persone così.

Spesso e volentieri, su Facebook o via email, molte persone mi chiedono «Qual è il trucchetto per...?». Non vogliono accettare il fatto che per ottenere grandi risultati **bisogna fare molta pratica e impegnarsi molto**.

Vale particolarmente per lo sport: se vai in palestra un giorno e fai un'ora di allenamento, non diventerai subito muscoloso. Ma, se vai in palestra due volte alla settimana per sei mesi, sicuramente otterrai grandissimi risultati. Lo stesso vale per ogni disciplina. È molto meglio fare 30 minuti di pratica, ma farli ogni giorno, piuttosto che fare 5 ore di pratica una volta al mese.

Una cosa che puoi fare è cercare dei sistemi per allenarti automaticamente. Hai mai visto il film *Karate Kid*? In questo film il maestro del protagonista, per allenare il suo allievo, gli impone dei lavori apparentemente assurdi. Il famoso dare e togliere la cera e pennellare la staccionata.

Questi gesti, apparentemente fuori dal contesto delle arti marziali, sono in realtà un ottimo modo per allenare il ragazzo all'arte del karate. Chiaramente il film è romanzato e ci induce a pensare che questo allenamento alternativo sia efficace quanto quello tradizionale. Non è assolutamente vero! La pratica tradizionale è molto più efficace. Però è anche vero che non puoi sempre allenarti. Devi pur fare qualcos'altro nella vita. Quindi ricerca delle attività che in qualche modo possano avvantaggiarti e velocizzarti nell'allenamento.

Ad esempio, per uno sport, può essere vantaggioso che tu la mattina vada al lavoro o a scuola a piedi. La strada che fai a piedi ti aiuterà a rafforzare le tue gambe e il tuo corpo. Oppure, se vuoi allenarti in una lingua straniera, puoi iniziare a pensare e a scrivere in quella lingua.

Pensa a giochi o attività divertenti che, in qualche modo, possano sviluppare le tue doti in uno specifico sport. Ad esempio in questo periodo ci sono molti giochi per computer simili a *Guitar Hero*. Questi giochi, che sicuramente non sviluppano le tue doti musicali, sono un modo piacevole per migliorare le tue abilità senza doverti allenare tutte le ore.

SEGRETO n. 17: accetta il fatto che non esistono trucchetti per diventare bravo rapidamente. L'unico vero segreto per diventare bravo è essere costante e fare molta pratica.

Cinque: convinzioni
Il più grande ostacolo tra te e il talento sono le convinzioni. Se sei convinto di non poter imparare una disciplina, non la imparerai mai, per quanta pratica tu possa fare o per quanto impegno tu possa metterci. Viceversa, le persone di talento sono le persone che sono convintissime di potercela fare. Quelle convinte di poter raggiungere altissimi livelli con poco sforzo. Per questo anche tu devi convincerti che puoi farcela. Che anche tu puoi raggiungere i successi che desideri. Devi solo volerlo.

Ed è molto semplice convincersi: devi semplicemente guardare le persone che ce l'hanno fatta. Che cosa hanno di più rispetto a te? Nulla! Sono esattamente come te. Sono partite come te da un livello di principiante e via via sono migliorate, fino a diventare le persone di successo e di talento che oggi tutti invidiano. Così come loro hanno creato il loro talento, anche tu puoi farlo. Ricordati sempre che le convinzioni che hai adesso sono quasi sicuramente convinzioni che ti porti dietro da quando sei bambino.

I bambini hanno una velocità di apprendimento incredibile, affascinante e terribile allo stesso tempo. Affascinante perché riescono ad assimilare tantissime cose. Terribile perché possono assorbire convinzioni limitanti negative. Tutti noi siamo stati convinti da bambini che non potevamo far qualcosa: che non potevamo diventare bravi artisti, dei bravi sportivi, dei bravi imprenditori ecc. Però posso garantirti che, se un bambino viene convinto di potercela fare, svilupperà fin dalla più tenera età un grande talento.

Ti faccio un esempio. Quando avevo dieci anni conobbi una mia coetanea estremamente brava con il pianoforte. Questa ragazza era talmente brava che un'accademia del nord Italia, una delle più grandi, fece di tutto per convincere lei e i suoi genitori a farla studiare da loro.

Tieni presente che quest'accademia, oltre a essere estremamente selettiva, accetta solo adulti. Ma, per questa ragazza, erano disposti fare un'eccezione. Ovviamente, viene da pensare che una ragazza così abbia una dote innata e sia geneticamente predisposta a suonare il pianoforte. E, a quel tempo, anch'io ero convinto di questa cosa.

Tre anni fa la incontrai per caso in un locale. Così, parlando, ho scoperto che ha mollato il mondo della musica perché non riusciva a coinvolgerla. Chiedendole il perché di questa scelta ho scoperto che sua madre e suo padre erano entrambi pianisti di professione. Erano letteralmente fanatici del pianoforte e volevano a tutti i costi che la loro figlia diventasse una grandissima pianista.

Fin da piccola l'avevano convinta che poteva diventare una grande pianista, che aveva un talento innato e che il pianoforte era un'attività divertente. Infatti, questa ragazza passava le giornate a "giocare" con il pianoforte, senza rendersi conto che in realtà stava facendo pratica.

Questo talento l'ha portata molto lontano in effetti. Però si è trasformato in un ostacolo. La ragazza infatti decise, intorno ai 14 anni, di mollare tutto e di scappare di casa perché si rese conto che questa attività non faceva per lei, anche se tutti attorno a lei davano per scontato che lei fosse solo «quella che suona bene il pianoforte».

Le persone con un talento innato sono spesso persone che non lo sviluppano, oppure pensano che il loro talento sia sufficiente per avere dei grandi risultati. Altre invece si ritrovano a buttare via questo talento perché investe qualcosa che non li appassiona.

Ad esempio, io ho notato, durante le scuole superiori, di avere un grandissimo talento per creare programmi per il computer. Il problema è che programmare non mi è mai piaciuto. Per questo, quando si tratta di piccola manutenzione, riesco ad arrangiarmi. Ma, nei casi più gravi, mi affido sempre a un programmatore professionista. Viceversa, le persone che sviluppano il talento, come te, sono avvantaggiate perché sanno di avere un obiettivo e sanno di voler sviluppare questa abilità per propria scelta e non perché gli è stata imposta da qualcun altro.

Ti do un piccolo esercizio da fare: leggi la vera storia di Beethoven e Mozart. Vedrai che anche loro, come la ragazza di cui ti parlavo poco fa, hanno sviluppato un talento dovuto alle influenze familiari e non a qualche fattore genetico.

SEGRETO n. 18: elimina le tue convinzioni negative e crea convinzioni potenzianti riguardo al tuo talento personale. Così facendo svilupperai il tuo talento nelle discipline che desideri.

RIEPILOGO DEL CAPITOLO 4:

- SEGRETO n. 14: per avere tanto talento in una certa disciplina devi fare tanta pratica. La pratica adatterà il tuo corpo alle esigenze della disciplina.
- SEGRETO n. 15: per sviluppare al meglio una certa abilità, sviluppa anche quelle che le somigliano. Così partirai avvantaggiato e migliorerai più rapidamente.
- SEGRETO n. 16: nutri la tua mente con le informazioni, le notizie e i video più recenti e interessanti che riguardano l'abilità che stai sviluppando.
- SEGRETO n. 17: accetta il fatto che non esistono trucchetti per diventare bravo rapidamente. L'unico vero segreto per diventare bravo è essere costante e fare molta pratica.
- SEGRETO n. 18: elimina le tue convinzioni negative e crea convinzioni potenzianti riguardo al tuo talento personale. Così facendo svilupperai il tuo talento nelle discipline che desideri.

CAPITOLO 5:
Come sfruttare il collegamento corpo-mente

«Mente sana in corpo sano»: tutti quanti abbiamo sentito dire questa frase più di una volta. Ed è assolutamente vera. In effetti è vero anche il contrario: corpo sano con mente sana. Molto spesso, nei film e cartoni animati, vediamo il secchione come una persona rachitica e fisicamente debole. Questa immagine raramente corrisponde al vero. Molte persone intelligenti sono anche sane fisicamente.

Questo perché puoi anche avere il Q.I. più alto del mondo ma, se il tuo corpo è malato e debole, farai fatica a far lavorare la mente a pieno regime. Viceversa se il tuo corpo e la tua mente sono sani, entrambi funzioneranno meglio.

In questo breve capitolo conclusivo voglio darti alcune informazioni generali su come migliorare la tua salute e sfruttare al meglio il collegamento tra il corpo e la mente.

Lo sport

Il primo e il migliore modo per rendere il tuo corpo sano e per sfruttare il collegamento corpo-mente è sicuramente quello di fare dello sport.

Non tutto lo sport va bene. Uno sport come il golf o il calcio, ad esempio, non svilupperanno mai come si deve il tuo collegamento corpo-mente. Lo sport migliore in assoluto per questo scopo sono le arti marziali. Nelle arti marziali infatti entrano in gioco tantissimi fattori, molto più che negli altri sport.

Uno di questi fattori è la resistenza al dolore, ossia il saper controllare il dolore e resistervi. Questa abilità viene allenata con i continui combattimenti di allenamento. Altri esempi sono la coordinazione estrema, tipica delle arti marziali, la capacità di reazione e la capacità di ascoltare e di fidarti del tuo intuito.

Negli sport come il Judo o l'Aikido è estremamente importante avere intuito, per capire cosa farà l'avversario e come comportarsi di conseguenza. Non hai il tempo di ragionare e di pensare con calma, devi decidere istantaneamente. Non è come per il gioco degli scacchi, che ti dà il tempo di pensare alle mosse successive. Qui non hai tempo di fare nulla, se non agire. Non è un caso che le arti marziali siano utilizzate per sviluppare l'intuito e le capacità meditative. Questo perché un bravo combattente non pensa troppo a lungo, ma si fida del suo istinto e di se stesso. Più la tua intuizione diventa profonda e raffinata, più la tua capacità di ragionamento migliora e più sei veloce a prendere decisioni e a trovare soluzioni a problemi difficili.

SEGRETO n. 19: il modo migliore per sfruttare il collegamento corpo-mente consiste nel praticare uno sport come le arti marziali. In particolare il Judo e l'Aikido.

L'alimentazione
Noi in Italia abbiamo una buona cultura in quanto ad alimentazione. Per questo i miei consigli potrebbero suonare scontati. Ma non lo sono.

Un'alimentazione sana è molto importante, soprattutto perché determinerà anche la salute del tuo cervello. Se riempi la tua pancia di cibo spazzatura, come quello dei fast food, il tuo corpo ne risentirà, i tuoi tempi di attenzione caleranno, ti sentirai più fiacco e ti stancherai più facilmente. Questo perché, per digerire il cibo spazzatura, servono molte più energie. Il corpo prenderà le energie necessarie da tutti gli altri organi. Incluso anche il cervello. Impara quindi a mangiare, soprattutto durante il pranzo, cibi facili da digerire. Carboidrati, frutta e verdura sono in assoluto le scelte migliori.

Se pensi di avere bisogno di altre strategie per migliorare l'alimentazione, ti consiglio di dare un'occhiata al corso *Autodifesa Alimentare* di Leonardo Di Paola e Viviana Taccione. È un ottimo corso, ricco di informazioni estremamente interessanti che possono aiutarti a migliorare la tua vita.

SEGRETO n. 20: per avere un corpo sano adotta una dieta sana ed evita i cibi spazzatura dei fast-food. La dieta mediterranea è la scelta migliore.

Il sonno
Un altro aspetto importante per la tua salute mentale è il sonno. Devi imparare a dormire in maniera estremamente regolare. Dalle

6 alle 8 ore va bene, a meno che tu non abbia seguito le strategie che insegno nel corso *Dormire Bene Sognare Meglio* sul metodo bifase o polifase.

Perché il sonno è importante? Perché durante il sonno la mente e il corpo vengono rigenerati. Chi non dorme regolarmente ha molti problemi a livello cognitivo: fatica a mantenere l'attenzione e a rimanere concentrato, s'innervosisce facilmente e ha difficoltà a pensare in modo lineare. Inoltre, l'astinenza da sonno può portare danni gravi al cervello, addirittura alla morte.

SEGRETO n. 21: assicurati di dormire in maniera regolare. Durante il sonno il cervello si riposa e si rigenera. Se non adotti i metodi bifase o polifase, dormi dalle 6 alle 8 ore.

Le sostanze che influenzano il cervello
Esistono tantissime sostanze che influenzano il cervello e il suo funzionamento. La prima è sicuramente il caffè. Il caffè e tutte le bevande che contengono caffeina mantengono attivo il cervello molto più lungo di quello che dovrebbe. Impediscono quindi al cervello di rilassarsi.

Ti consiglio di evitare le sostanze di questo tipo il più possibile e di usarle solo in casi in cui ne hai realmente bisogno. Piuttosto che bere un caffè dopo pranzo, ti consiglio di riposarti per 20 minuti. Magari fai della semplice meditazione. Del resto la stanchezza dopo il pranzo deriva dalla digestione. Se ti concedi 20 minuti per rilassarti, il tuo corpo avrà il tempo di avviare la digestione e di ridare alla tua mente le energie di cui ha bisogno.

Un'altra sostanza è il fumo. Il fumo, essendo a tutti gli effetti una droga, influenza il cervello sia inibendolo, poiché crea una sezione di rilassatezza, sia provocando dipendenza. Il fumo ha conseguenze molto dannose soprattutto per la mente. Difatti, il costante e crescente bisogno di sigarette rende più difficile mantenere attiva l'attenzione e annebbia il pensiero. Diventa una distrazione troppo forte per essere ignorata.

Inoltre l'astinenza, se non è volontaria, porta a disturbi psicosomatici, ossia a disturbi psichici che si presentano fisicamente sotto forma di nausea e malessere. Questo malessere crea ansia e l'ansia riduce l'attività del sistema immunitario e del sistema nervoso.

Di conseguenza rischi di danneggiare il tuo Q.I. Per questo è molto importante che tu smetta di fumare sigarette. Un ottimo metodo per vincere questa dipendenza è descritto nel corso di Giacomo Bruno _Smettere di Fumare_.

L'ultima sostanza di cui voglio parlarti sono gli alcolici. Gli alcolici, come le sigarette, influenzano il corpo e la mente. In particolare, il corpo viene influenzato dall'aumento della pressione sanguigna, mentre la mente viene influenzata dalle modificazioni che intervengono nel tuo modo di percepire e affrontare la realtà. Non è un caso che spesso la birra sia chiamata "coraggio liquido". Difatti molte persone, quando non hanno il coraggio di fare qualcosa, si ubriacano. Un uso prolungato dell'alcol può rendere permanenti gli effetti sulla mente. Quindi, le percezioni tenderanno a calare e la capacità di ragionamento sarà annebbiata.

Ci sarebbe da parlare anche delle droghe. Ma onestamente, essendo un discorso molto complesso, meriterebbe un corso a parte. Qui mi limito a dire che le droghe e gli psicofarmaci, che sono droghe legali, influenzano in maniera estremamente forte il funzionamento del cervello, soprattutto quando vengono utilizzati ripetutamente. Non è quindi assolutamente consigliabile fare uso di droghe, soprattutto di quelle considerate "pesanti".

SEGRETO n. 22: non fare uso di sostanze che alterano il funzionamento del tuo cervello. Soprattutto evita la caffeina e la nicotina.

RIEPILOGO DEL CAPITOLO 5:

- SEGRETO n. 19: il modo migliore per sfruttare il collegamento corpo-mente consiste nel praticare uno sport come le arti marziali. In particolare il Judo e l'Aikido.
- SEGRETO n. 20: per avere un corpo sano adotta una dieta sana ed evita i cibi spazzatura dei fast-food. La dieta mediterranea è la scelta migliore.
- SEGRETO n. 21: assicurati di dormire in maniera regolare. Nel sonno il cervello si riposa e si rigenera. Se non adotti i metodi bifase o polifase, dormi dalle 6 alle 8 ore.
- SEGRETO n. 22: non fare uso di sostanze che alterano il funzionamento del tuo cervello. Soprattutto evita la caffeina e la nicotina.

Conclusione

Con questo il corso si è concluso. Ti ringrazio ancora per aver scelto di seguirlo e mi auguro che le strategie e i segreti che ho condiviso con te possano esserti utili. Ti invito a mettere in pratica ciò che hai imparato e a non limitarti a studiare queste cose a memoria. Queste sono strategie pratiche e come tali vanno utilizzate.

Nel primo capitolo hai visto che cosa è realmente il quoziente intellettivo e in che modo devi muoverti se vuoi svilupparlo.

Nel secondo capitolo hai appreso la tecnica più potente scoperta finora: l'uso del diario. Se devi applicare con costanza e impegno una sola delle tecniche contenute in questo corso, fa' che sia questa. È semplice, potente e ti aprirà tantissime porte.

Nel terzo capitolo hai imparato altre strategie utili per allenare il tuo Q.I. Nel quarto capitolo hai visto cos'è il talento. Hai scoperto che non è una dote innata e che anche tu puoi svilupparlo con 5 semplici passi.

Nel quinto capitolo hai visto come migliorare la tua salute, in modo da sfruttare al meglio la tua mente. Il tutto con semplici strategie che influenzeranno in meglio tutti gli aspetti della tua vita.

Posso garantirti che, se utilizzi costantemente queste strategie per tre mesi, otterrai grandissimi benefici e la tua vita migliorerà sensibilmente. Dovrai solo metterci la costanza e l'impegno necessari per ottenere risultati duraturi.

Non cercare di utilizzare tutto subito. Inizia da una o due strategie per volta e, man mano, ne aggiungi un'altra. Soprattutto per quanto riguarda la tua salute fisica, cerca di ottimizzarla fin da subito. È molto importante non solo per la mente, ma anche per tutta la tua vita.

Continua a mettere in pratica i miei consigli, continua a sviluppare e a migliorare te stesso e soprattutto fammi conoscere i tuoi risultati e tuoi successi. Ti aspetto su "I Segreti Dei Geni". Grazie ancora e a presto.

Enrico Sigurtà

www.ingramcontent.com/pod-product-compliance
Lightning Source LLC
Chambersburg PA
CBHW050918160426
43194CB00011B/2464